AF279675

Tropfen von betäubtem Weiß

Michael Ockert

Verdichtungen

Bibliografische Information der Deutschen Nationalbibliothek:
Die Deutsche Nationalbibliothek verzeichnet diese
Publikation in der Deutschen Nationalbibliografie;
detaillierte bibliografische Daten sind im Internet
über http://dnb.dnb.de abrufbar.

Titelbild © Michael Ockert
gesetzt aus der Berylium

Herstellung und Verlag: BoD – Books on Demand,
Norderstedt

ISBN: 978-3-7597-6779-0

für Tante Bina

Inhalt

Luftblasen aus Nichts heraus

Erwartung

Der Wert entsteht in der Verdichtung,
auch wenn ich sie nicht erfassen kann,
das Dasein verharrt in seiner Erwartung,
denn was sich erfüllen soll,
ist in vage Entfernung gerückt.

Es ist leicht,
mich darin einzurichten,
wohin es führt,
fühlt sich schwebend an,
ein Schmetterlingsflug.

Festhalten

Eine Gruppe im Entstehen
und das ganze Ich dort hineintragen,
als ob ich es auf eine Waage legte,
es so im freien Raum anbieten
und ganz dem Urteil derer ausliefern,
denen ich es entgegentrage.

Die Unsicherheit,
wie es aufgenommen wird,
wird etwas von dem bleiben,
was ich von mir herumgeschleppt habe
und das ich nicht greifen kann?
welches neue Bild wird entstehen
und wird es allenfalls eine Zumutung sein?

Die Scheu liegt entschieden
in der Veränderung,
auch wenn sie unumgänglich ist,
so unumgänglich wie vertraut,
es gibt ja sonst nichts
zum Festhalten.

Nicht greifbar

Aus Gefügen entstehen,
vom Ringen durchwirkt
als stimmiger Bestandteil des Daseins,
auch wenn es sich
überflüssig anfühlt.

Werde ich überwinden,
was nur als Vorstadium
gedacht sein kann?
alles will darauf hinauslaufen,
auch wenn die Erwartung daran
zu stark zerquetscht wird,
gar zu einer hauchdünnen Schicht
oder schon hinfällig.

Kann man sich an das Dasein
in Spinnwebstrukturen gewöhnen?
alles andere will mich verwirren.

Dazwischen

Raum und Zeit sind von Warten erfüllt,
begrenzt durch müde Formen,
die über alle Geschicke walten.

Eigene Kraft und eigener Wille
werden nicht ausreichen,
um sie zu überwinden,
es bleibt,
mich zu unterwerfen,
mich unter ihren Weisungen
dahintreiben zu lassen.

Ihre Oberflächen bestimmen,
auch wenn sie angespannt erscheinen,
lebensfeindlich, mineralisch,
von Maschinenhand geformt,
ohne tieferen Sinn,
für absurde Zwecke geschaffen.

Es will sich kein Weg auftun,
hieraus zu entkommen,
eine Bestimmung ist nicht verfügbar,
nur leere Zwischenräume.

Es bleibt nicht mal
das Danach-Greifen,
ich habe es mir eingerichtet
im Dazwischen.

Fallen

Alles erscheint unerreichbar,
die Welt ist in Entfernung gerückt
und alle Verbindungen enthüllen sich
als fadenscheinig.

Soll ich sie ganz zerreißen lassen
oder mich bemühen,
sie zu beleben?

Dieses Spiel wirkt verzweifelt,
ich lasse es lieber schleifen,
doch was soll mich sonst halten?

Vielleicht das Gefühl,
dass sich Fallen
davon nicht wesentlich unterscheidet,
auch wenn so bodenlos.

Also warum mich bemühen?
und bin ich nicht schon längst
darin eingetaucht?

Mich einrichten

Warten liegt in der Luft,
es durchdringt die Luft,
die Luft ist zu Warten geworden.

Darin liegt Fesselung und Unterwerfung,
da helfen auch schwere Stoffe nicht,
um Schultern und Hüften geworfen.

Demütigung lauert in jedem Spalt,
ich will sie nicht zulassen,
auch wenn allgegenwärtig,
jedes Entgegenkommen
erscheint unwirklich.

Wer kann diese Schwere ertragen?
jeder Ausweg fühlt sich verstellt an,
es wirkt verlockend,
mich darin einzurichten,
auch ohne zu wissen,
wie die Zeit darin überstehen soll.

Sehnen

Es gibt ein Sehnen,
das nicht weiß,
wohin es sich sehnen soll.

Es bleibt ihm nichts,
als sich treiben zu lassen
an Felsabgründe,
in Bahnhofsunterführungen
und an den Rand von Feldwegen.

Oder zu den Begegnungen hin,
auch wenn sie sich nicht entscheiden können,
ob sie zum Feindseligen kippen wollen,
es ist jederzeit möglich
und schon in die Zukunft eingewebt.

Kann es einen Ausweg geben
aus diesem Sehnen,
das sich wie ein Labyrinth in mir ausbreitet?

Warum mich hineintreiben lassen,
ohne zu fragen,
was sich darin verbirgt?

Verfliegen

Werde ich gebraucht
oder nicht gebraucht,
was einmal war,
fliegt mich als Wehmut an
und ich weiß nicht,
ob ich nach ihr greifen soll.

Die Existenz verfliegt,
was kann ich tun,
als sie verfliegen zu lassen?
und doch will ich mich an ihr festhalten,
ich greife nach ihr,
auch wenn ich nicht weiß,
wohin sie mich führt.

Das Festhalten löst sich auf
in Mich-Treiben-Lassen,
war es nicht immer schon so?

Ich habe mich heimisch gemacht darin,
ich bin ja leicht genug,
um auf seiner Oberfläche zu tanzen.

Wild

Der Raum ist erfüllt
von Übergriffigkeiten,
die sich voller Macht ausbreiten.

In ihm herrscht Leere
und Lebensfeindlichkeit,
die versucht,
sich zu orientieren,
hilflos und wild,
mit was kann Leere schon ausgefüllt werden?

Wenn das Leben vertrieben wird,
wird die Fülle erstickt,
bringe das blinder Wildheit bei!

Sie hat die Fesseln der Kindheit abgelegt,
in denen sie erstickt wurde
in den langen Jahren des Wachstums.

In Eingezwängtheiten
kann es kein Wachsen geben,
nur in die Innerlichkeit,
verkümmert und leer.

Das Meerwasser weiß
sein Blau nicht

Nebel

Das Leben
in benommener Verfassung,
wann hat sich das eingeschlichen?
selbst das werde ich nicht erfahren.

Begrenzungen weichen zurück,
Räume leeren sich,
ich glaube,
diese Räume wollen
mich in sich hineinziehen.

Hier gibt es keine Gegenwehr,
gegen was sollte ich mich wehren
im Ausgeliefert-Sein und Warten?

Ein Hauch von Nichts
atmet mich an
und darin das Wissen,
dass nichts daraus entstehen kann.

Ein Lichtstrahl
im Nichts des Universums,
er eilt dahin

und wünscht sich,
niemals aufzutreffen,
niemals
einen Widerhall zu finden.

24

In unbekümmerter
Gelassenheit.

Umkreisen

Im Dunkeln nach Worten tasten
und hinter Worten
nach Vorstellungen.

Erleben,
wie sich Worte
und Vorstellungen verbinden
in Gespinste,
die sich nicht kannten.

Meine Hände umkreisen ihre Form,
selbst kaum ausgeformt,
meine Augen umkreisen ihr Leben
und ihren Atem,
ich wage kaum
zu atmen.

Aus dem kreiselnden Wirbel
entstehen Gestalten,
ich berühre ihre Umrisse
mit meinen Gedanken.

Was hier entsteht,
raubt mir den Atem
und beseelt mich,
ich kann nicht aufhören,
mitzufliegen
und es darin immer weiter
auf die Spitze zu treiben.

Grenzen

Umspült von Tasten,
das mich umfängt,
lasse ich mich durch Grenzen hindurchtreiben,
die mich nicht berühren wollen.

Ihre Berührungen
umfließen mich
wie Lufthauch,
als könnten sie mich nicht erreichen,
dabei sind sie so nahe.

Sie umhüllen mich wie Schleier
und manchmal kann ich
durch sie hindurchschauen.

Sie werden mich begleiten
und umfangen,
wie sie mich immer begleitet haben
und ich jedes Mal
aus ihnen aufgetaucht bin.

Pochen

Das Verblüffendste steigt
aus dem Inneren empor,
das dunkle Drängen
entzieht sich allem Begreifen.

Vielleicht erfasse ich das Gefühl,
dass es das einzige ist,
was mich antreiben wird,
unzugänglich,
scheinbar unverbunden
in einem tiefen Schlummer
ohne Aufwachen.

Ich spüre,
dass es ganz klar schlägt,
das dunkle Pochen,
mehr undeutliches Sich-Regen,
mir freundlich gesinnt,
mit so viel Kraft und Ausdauer,
dass es mich erhalten wird.

Gedanken

Mein Verstand fasst an,
ergreift, umschlingt
und lässt nicht los,
seiner Gewalt
kann sich kein Stoff entwinden,
wieso auch,
jeder Stoff wird respektiert.

Aus der Höhe überfliege ich
Täler und Berge von Gedanken,
um sie zu erfassen
und zu durchdringen.

Ich betrachte sie von allen Seiten
und beobachte genau,
wie sie sich in ihrer Lebendigkeit ausbreiten
und darin aufsteigen.

Wenn ich müde bin,
lasse ich sie los
und betrachte sie
unter halb geöffneten Wimpern.

Zukunft

Es erreicht mich
und erreicht mich nicht,
wie kann mich nicht erreichen,
was um mich passiert
und was doch da ist?

Die Grenzen zwischen Gegenwart
und Zukunft verschwimmen,
sie drängt so fordernd heran,
dass es schwer wird,
sie fernzuhalten.

Sie wird eine Zumutung sein wie immer,
denke ich,
und will sie abschütteln in dem,
was gerade passiert,
dabei ist sie schon darin lebendig.

Trotzdem weiß ich,
dass noch eine größere Zumutung lauert,
von der ich nichts weiß,
auch wenn ich sie fühlen kann.

Wirklichkeit

Die Wirklichkeit umfängt mich
wie Meerwasser,
doch wie viel Unberechenbarkeit
wird aus ihr fließen?

Es gibt wichtigere Dinge zu tun
und vielleicht komme ich darüber
in Verbindung zu ihr,
es kann nicht anders sein,
auch wenn es einfach nicht passieren will.

Dann also weitermachen
auch ohne Wirklichkeit
in einem Taumel
aus untauglichen und zwangsläufigen
Handgriffen.

Es geht auch ohne sie,
ich weiß nicht,
ob etwas Tröstliches darin liegen soll,
außer dass ich sie nach einer Weile
und noch einer Weile
schließlich vergessen habe.

Vertrautheit

Es war unangemessen
und sollte nicht so sein,
die Instanzen kämpfen
einen letzten aussichtslosen Kampf.

In ihm wird Befreiung liegen,
sie steigt schon auf,
ein frischer Atem,
noch im Ringen mit sich selbst.

Fesseln fallen ab,
egal ob vom Ich,
vom Kind
oder der Familie,
sie pendeln lose um mich her,
ihr Baumeln fühlt sich lächerlich an.

Eine letzte Vertrautheit,
nicht mehr notwendig,
alles wird strahlende Überraschung sein.

Blech im Sonnenlicht,
ausgelaugt

Windspiel

Es erreicht mich
und erreicht mich nicht,
bis ich bemerke,
dass es mich nicht erreicht.

Ich tappe darin umher
wie ein Blinder,
ein Bär,
der sich von seinem Gewicht
befreien will.

Darin will keine Bedeutung sein
bis mich seine Bedeutung anfliegt
wie ein albernes Windspiel,
das mich in sich herumzappeln lässt,
jedes Auffliegen so real,
dass ich nicht verhindern kann,
meine Umrisse
darin zu ertasten und zu spüren.

Ich wache auf aus dieser Ohnmacht,
ohne zu wissen,

ob ich mich nicht gleich wieder
in sie zurückstürzen will.

Es fühlt sich angenehm leer in ihr an
und dunkel,
ich will mich in sie einkuscheln.

Netz

In der Schwere der Trauer
liegt Leichtigkeit,
wenn ich mich ihr überlasse,
verdunstet sie unentwegt.

Die Dunkelheit verdunstet,
die Kälte verdunstet,
der Sturm verdunstet.

All dieses Verdunsten spannt sich auf,
ein dichtes Netz,
in das ich mich fallen lassen kann,
es fühlt sich stark an
und trägt mich
sicherer als der Boden.

Ich will es mir darin bequem machen
und darin schwingen
und spüren,
dass es genauso wesenslos ist
wie ich selbst,
es gibt keinen Ort,
in dem ich mehr Halt finde.

Welle

Die Einsamkeit umgibt mich,
ein vertrautes Tier,
das mich wärmt,
obwohl da nichts ist
als zu dünne Luft
und der Atem von Dachziegeln.

Wenn die Körper auftauchen,
berühren sie mich
durch die Entfernung hindurch,
ich denke nicht darüber nach,
ob es eine Wahl gibt.

Sie sind willkommen,
natürlich,
sie haften aneinander
und vertiefen sich.

Ich werde nicht gefragt,
zwischen sie einzutauchen
und mich in sie zu versenken,
ich gebe mich darin hin
wie in die Bewegung einer Welle.

Ich spüre ihre Kraft
und die Verwandlung darin,
ich kann ihr vertrauen,
sie wird mich umspülen
und mich beschwingen.

Pendeln

Ich spüre den Antrieb,
mich zwischen den Körpern aufzulösen,
die mich umgeben,
nur so kann ich Gestalt gewinnen.

Ich spüre den Unterschied zu ihnen,
ich gehöre nicht zu ihnen,
mein Verlangen ist so groß,
dass ich die Gedanken an sie
nicht unterdrücken kann,
was sollte mir sonst bleiben?

Es trifft da draußen auf Teilnahmslosigkeit
und Pendeln,
sie werden es zulassen,
es ist ihnen egal.

Sie werden mich abtun
wie eine Puppe,
auch wenn ich mich unter ihnen aufhalte,
ich werde keine Bedeutung finden,
nur überlegene Lässigkeit,
die mich nicht wahrnehmen muss.

Eisblume

Ein zartes Gebilde
steigt in mir auf
und gebärdet sich
mit jedem Augenblick
unbändiger.

Gleich einem Gras
oder filigranen Kraut,
so durchscheinend,
dass meine Augen
es nie erfassen werden.

Atem steigt aus ihm auf
und erschafft Räume,
in denen ich mich entfalten kann.

Eine Verwirbelung
von Luft und Nichts,
es tanzt im Nichts
und treibt ins Nichts
und alle Schleier
und Verdichtungen
wollen darin abfallen.

Ich will mich darin heimisch machen
und mit ihm aufsteigen,
mich in seine Bögen und Spitzen ausformen,
um mich immer weiter
darin zu verlieren.

Tollpatschigkeiten

Kann ich sie erreichen
oder nicht erreichen,
es muss einen Grund geben,
dass ich mich in dieser Umgrenztheit
wiederfinde.

Ich bin nicht allein darin,
wie soll ich mich orientieren?
ich finde keinen Zugang,
ob ich nun schaue
oder greife,
meine Hände fassen ins Leere.

Vielleicht helfen Tollpatschigkeiten
oder Grenzüberschreitungen,
Dummheiten werden mich verbinden.

Ich finde mich wieder
im Strom der Körper,
der Wärme, die sie ausstrahlen,
ich löse mich auf in ihren Bewegungen
und lasse mich
von ihren Zwischenräumen umfangen.

Eisen

Hinausgeworfen
in das neue alte Land,
das nur Leere atmen kann
und doch so ausgebreitet vor mir liegt.

Ich werde darin eingeatmet
und ausgeatmet,
meine ausgestreckten Arme
suchen Halt darin.

Sie finden eine längst vergangene Zeit,
die mir den Rücken zukehrt,
Wie soll ich mich in ihr wiederfinden,
wenn es mich nie in ihr gegeben hat?

Ich will mich mit ihr verbinden,
ihrem schwarzen Eisen,
als könnte ich mich darin verwurzeln
und so die Höhe aushalten,
in der das Jetzt verfliegt.

Der Atem des Blatts
zerhaucht sich grün

46

Zeit

Da ist keine Zeit
und kein Sein,
es erstaunt nur,
dass sie sich trotzdem herausschält.

Ich hätte nicht gedacht,
dass mich dieses Schälen
so unbeteiligt lässt,
es fühlt sich auf eine verfliegende Weise
hohl darin an
und was danach kommt,
plump.

Na schön,
wenn plump sein muss
und ich mich nicht dagegen wehren kann.

Das Schälen will kein Ende nehmen,
vielleicht bleibt nur die Wahl
zwischen Schälen und Plump-Sein
und ganz sicher
ist es keine Wahl.

Zaum

Ich will meine Antriebe zähmen,
auch wenn es schmerzt,
würde ich begehren,
würde ich zerstören,
was mich erhält.

Dort gäbe es nichts
zum Festhalten und Erinnern,
unter meinen Füßen
würde der Boden verschwinden
und alle Begrenzungen
würden davonfliegen,
die mich trösten könnten.

So laufe ich im Zaum,
auch wenn es mich darin zerreißt,
ich versuche,
eine Decke darüber zu legen,
und da ich nichts anderes habe,
eine Decke aus Zerreißen vielleicht,
sie fühlt sich taub an,
wenn ich sie über mich breite.

Könnte ich dieses Reißen
nur mit mir vertraut machen,
den Ritt auf der Klinge
der Ungewissheit,
er führt mich dahin,
wo alles zerspringen will.

So pendele ich in die Nacht hinein,
während meine Haut
Stück um Stück davonfliegt.

Aufbruch

Der Aufbruch
hat sich in die Zeit geschlichen
wohin soll ich gehen?

Jeder Handgriff fühlt sich klamm an
und fahrig,
auch wenn er ausgeführt werden muss,
und darin liegt ein Schmerz.

Die Ferne umweht mich
unerreichbar,
ihre Umzäunungen
werden nicht lange halten
und das Gefährt wird abbrechen
wie eine Scholle vom Eis.

Wir werden die Trennung
niemals verstehen
und wir verstehen nicht,
was gerade passiert,
die Fingerspitzen tasten
taub über ihre Oberflächen.

Die Wärme zwischen unseren Körpern
wird zerreißen wie ein Band,
für immer wird bleiben,
wie ich mich darin einschmiegte.

Halt

Die Leere zieht mich
in sich hinein
wie ein Magnet,
in dessen Anziehungskräften
ich mich verliere.

Meine Hände tasten
nach ihren Umgrenzungen,
sie finden keinen Halt,
vielleicht wird es der Abend sein,
in den ich mich fallen lassen kann,
das scheidende Licht,
die steigende Feuchtigkeit,
das Umhüllt-Sein mit Wolldecken.

Ich lasse meine Schritte leiten
von den Schritten,
die mich umgeben,
ich folge den Bewegungen der Herde
und spüre ihre Körper nicht,
nur ihre Richtungen.

Sie geben mir Halt,
so viel Halt,
dass ich mich ihnen ganz
überlassen kann.

53

Fahrt

Der Drang nach vorn
treibt mich voran,
ohne zu wissen,
wohin und woher.

Nur der Fahrtwind
kann mir Geborgenheit schenken,
er wird niemals ruhen.

Ich strecke den Arm aus dem Fenster
und versuche,
den Wind zu erhaschen,
indem ich die Faust
um ihn herum schließe.

Ziehe ich sie ins Innere zurück
und öffne sie,
kann ich in der Handfläche lesen.

Sie spricht mit mir
in einer geheimen
und ausgebleichten Sprache
von Zartheit und Unberührtheit,

ich spüre,
sie will sich mit mir verbinden.

Ihre Worte
wehen mich von weither an,
sie durchdringen alles von mir
mit ihrem Atem.

Spielart

Die Stadt umgibt mich
mit ihrer schützenden Hand,
das kleine Steinpflaster
will mich tragen
und die Häuser lächeln mir zu.

Ich spüre meine Schritte nicht,
sie fliegen leicht wie Federn
und führen ins Licht,
umzuckert von Nachmittagshimmel.

Die Zeit liegt vor mir
wie ein ausgebreitetes Tuch,
ich bin unschlüssig,
ob ich es begehen soll.

Alles strömt leicht dahin,
wenn man von Menschen umgeben ist,
ihre Umrisse leiten mich
wie Delphine,
die das Boot begleiten.

Sie führen ins Nichts,
das ich immer schon geahnt habe,
seine Ablenkungen
sind nur eine Spielart davon.

Fell

Gleiten, tanzen, strömen,
es wird niemals aufhören
und der Fahrtwind flüstert
Liebeslieder.

Zum Glück gibt es
den hermetischen Raum,
der mich umfängt,
meine zweite Haut,
ich kann das Fließen
in seinen Adern spüren,
seine Außenwände aus Eisenhaut
halten dem Windstrom stand,
egal wie stark er sie umflattert.

In dieser Kapsel
durchrase ich das All,
vorbei an Blättern,
Gischt und Fell,
meine Haare würden wehen,
wären sie nicht abgeschirmt,
ich strecke meine Hand
nach ihm aus.

Ich will nach dem Draußen tasten,
ich spüre so sehr,
darin liegt alle meine Bestimmung,
sie wartet auf mich.

Fließen

Auf den langen schmalen Stufen
fließt helles blaues Licht herab,
ich fließe mit.

Mein Halt ist Zufall,
genauso überflüssig wie das,
was mich umgibt,
trotzdem wird er mir geschenkt
von der großen Hand des Himmels.

Ich weiß nicht,
wohin ich fliehen soll,
Halt oder Fließen,
zum Glück sind meine Gedanken
so zerstreut,
dass sie nichts davon ahnen.

Ich will mich fließen lassen,
egal, in welche Helligkeiten,
und will genießen,
in welchem Halt
ich mich verfangen kann.

Tau

Belebtheit benetzt meine Haut wie Tau,
es müsste sich frisch anfühlen,
doch kann er nicht
zu mir hindurchdringen.

Ich bin in ihn eingetaucht,
eine fremde Flüssigkeit,
das einzig Fremde darin
bin ich.

Ich habe lange gelernt
mitzuspielen
und irgendwo darin
schlummert die Hoffnung,
dass die Fremdheit in mir
verfliegen wird.

Irgendwann wird es so kommen,
wenn ich mich selbst vergesse,
werde ich fliegen
wie ein Vogel,
und schweben wie ein Blütenblatt.

Selbstvergessenheit
wird meine Bestimmung sein
bis ich mich wiederfinde,
um auf den Tau zu lauschen.

Haut auf Seide

Loslassen

Dieser kleine Raum ist angefüllt
mit Körperspannungen,
der Aufruhr,
der von mir ausgeht,
prallt von ihren Oberflächen ab
und vermischt sich doch mit ihnen.

Dies will ein Spiel sein
und ich frage mich,
ob ich nur dazu da bin,
dieses Spiel zu spielen,
Umkreisen, Tänzeln,
Mich-Verbinden und Loslassen?

Dies soll sein Ziel sein?
und wie soll ich irgendwann
irgendetwas von mir
darin wiederfinden?

Schleier

Dunkelheit umgibt mich,
ein Tuch,
das es gut mit mir meint,
ich spüre es an dem Tau,
der es benetzt
und erfüllt.

Es umschlingt mich
mit zärtlichen Händen,
ich staune über die Wellengebilde,
die es erzeugen kann.

Es greift nach der Nacht
und lässt mich in sie versinken,
meine Haut zittert,
obwohl sie nichts davon weiß.

Sie fasst nach dem Schleier,
den ich zu ergründen suche,
und ich merke,
ich werde nur zu mir finden,
wenn ich dies alles
in mir verfliegen lasse.

Vorhang

Die Wirklichkeit perlt
vor meinen Augen
in Schlieren herab
wie der Film eines Wasserfalls.

Meine Blicke suchen Halt darin,
ich weiß nicht,
ob mir die Schwärze meiner Wimpern
helfen kann
oder ob sie nur stört.

Ich muss nach den Schlieren greifen
und immer,
wenn ich es versuche,
fassen meine Hände ins Leere,
ihre Handteller
und die ausgestreckten Finger.

Ich spüre den Widerstand
auf den Hautpolstern
und ihrer Bleichheit,
die eingeschlossene Luft
in den Schlieren

und den Film,
der sich immer weiter herabsinken lässt.

Könnte ich diesen Vorhang
jemals durchdringen,
während er rinnt und rinnt,
und mir fällt auf,
dass mir ständig
nichts anderes gelingt.

Haut

Er weht mich von Ferne an,
der Ferne,
in der auch Nähe wohnt,
der Windball,
der sich selbst umspielt.

Aus ihm fallen Bewegungen,
von denen ich nichts geahnt habe,
Laute umtanzen meinen Körper,
die Haut wird Musik,
die Klänge erzeugt,
niemals vernommen.

Er setzt sich zusammen
aus dem Wehen von Herbstlaub
und Seide,
so fest gesponnen,
dass es mich halten kann,
es umschlingt mich
und lässt mich los,
ich verwirbele darin
ohne schwindelig zu werden.

Ich überlasse mich ihm,
ohne mich zu verlieren,
ich steige auf
in diesem Taumel von Selbstheit,
so fein gesponnen,
dass ich mich niemals
darin wiederfinden werde.

Notwendigkeit

Es geschieht alles
aus einer Notwendigkeit heraus,
sie fühlt sich tastend
und zufällig
wie beiläufig an,
und kann doch nur zwangsläufig sein.

Sie umspielt mich wie ein Lufthauch,
der im nächsten Augenblick verfliegt,
sie kann nicht auffallen
so voller Kraft und Ausstrahlung.

Ihr Duft umspielt meine Poren
und dringt in jede ein,
sie riecht nach Feuer,
ich schmecke es auf der Zunge.

Sie umkreist mich
und führt mich in einem Wirbel,
so dass ich unter ihrer Hand
eine Pirouette drehe,
Sie zieht mich zu sich heran
und umspielt mich:

„Komm,
wir wollen dorthin gehen,
was ausgebreitet vor uns liegt
wie ein grünes Tal
voller Anmut."

Ich möchte jedes Ding darin anrühren,
es ist für mich bestimmt,
nicht um es fortzutragen,
sondern um es zu liebkosen
und zu bestaunen.

All meine Liebe
wächst mir daraus hervor
und trägt mich mit sich fort,
ein Spiegelbild meiner selbst,
das im selben Augenblick verweht
voller Zuversicht.

Begegnung

Dunkelheit umströmt mich wie Kälte
und aus jeder Begegnung tropft Wissen
und Nichtwissen.

Das Nichtwissen
wird sich nie auflösen,
es begleitet mich
wie der Flügelschlag
eines freundlichen Vogels,
einer Taube,
ihr Gefieder wird nicht weiß sein.

Das Wissen klebt an mir,
es trägt mich
und zieht mich herab,
auch wenn ich stark genug
sein könnte
standzuhalten.

Ich streife ab,
was mich festhalten will,
auch wenn es immer schon
von sich aus abfällt.

Ich steige auf
aus einem tiefen Inneren,
von dem ich nichts weiß,
nur dass es immer da war
und da sein wird.

Erblühen

Wenn mich der Hauch umstreicht,
zusammengesetzt aus vielen Hauchen,
von denen ich keinen kenne,
außer,
dass alle Schwere darin verfliegt
voller Auflösung
und meine Umrisse
darin umso fester werden.

Die Ausformung einer Blüte
im Erblühen,
es ist ihr egal,
wo hinein sie blüht,
denn sie erschafft sich darin selbst.

Licht umfliegt mich
in seiner hingetupften Wärme
von Gelb und Weiß,
ein Luftzug steigt darin auf
von Schmetterlingsflügeln
ohne Tiefe,
umtanzt von Farben und Frühling.

Steckenpferd

Unschuld umweht mich,
ein nordischer Frühlingswind,
der meine Umrisse
zu gestalten beginnt.

Er formt mich aus
im Umhauchen,
während ich gleichzeitig in ihm verwehe,
die Zeit senkt sich darüber
wie das Tuch des Taus
und meine Blicke bestaunen,
wie die Leere mich umgreift.

Jede Bewegung ihrer Hand
erschafft Neues,
meine Gedanken folgen ihr,
ein Spielkind mit Wedel
tanzend auf einem Steckenpferd.

Ich verfange mich
in seiner aufgemalten Mähne,
der Tanz der Farben
will nicht enden.

Purzelbaum

Bedeutungen greifen nach mir
wie der Duft von Gewürzen
aus bewegten Gräsern.

Ich verstehe die Winde nicht,
die sie mir zufächeln,
sie steigen auf
und verwehen,
in ihrem Kern
von Holzgeruch,
den ich niemals versuchen sollte
zu erfassen,
er würde sonst vergehen.

Was er bedeutet,
hat keine Bedeutung
und darin liegt kein Rätsel
und keine Trauer.

Er verflüchtigt sich
in einem Purzelbaum
und ist schon
längst verschwunden.

Wie kann sich so viel Ernst
so unbemerkt
in einem Nichts auflösen?

78

Freiheiten

Ich mag noch so viele Fähigkeiten besitzen,
ich werde nicht gerettet werden,
nur Metallstreben
können mich zusammenhalten,
auch wenn sie mein Fleisch durchfurchen.

Ich stelle mir vor,
das sei keine Metapher,
es gelingt mir
und gelingt mir nicht.

Nicht ich bin Herr über das,
was mich ausmacht,
sondern das bestimmt mich,
was von den Körpern ausgeht.

Es umschlingt mich wie Fassringe,
es ginge auch anders,
ich bin doch kooperativ
und stelle das,
was mich antreibt,
zur Disposition.

Sie spucken darauf,
es zersetzt sich wie ein Morast,
dunkle Blätter,
die verfallen,
ineinander übergehen
und ihre Umrisse verlieren.

Und doch,
auch unverstanden,
finde ich darin
immer übermütigere Freiheiten.

Fingerspitzen

Die Gegenstände tropfen
ins Nichts hinein
und bemühen sich um ihre Bedeutung,
es kommt mir lächerlich vor.

Ich kann ihre Silhouetten
nicht nachvollziehen,
sie wollen mir mit ihren unsichtbaren Fingern
helfen,
meine eigene Form zu finden.

Sie können mir nichts vormachen,
ich spüre sie doch,
sie strecken sich aus
wie lange und dünne Fäden
und stellen Ansprüche,
ich verstricke mich in ihr Spiel.

Manchmal denke ich,
ich bin nur dazu da,
dieses Spiel zu spielen,
und mein Widerwille
kommt mir lästig vor.

Ist er nicht berechtigt?
ich verstricke mich schon wieder,
alles andere wäre noch unheimlicher.

82

Die Verdichtungen